FAIS CE QUE DOIS,
ADVIENNE QUE POURRA.

LE CONGRÈS DE VIENNE

ET

LE CABINET DU PALAIS-ROYAL.

(Suite. *Voyez* les neuvième et dixième publications de la Société.)

PARIS.

A LA DIRECTION DE LA SOCIÉTÉ
POUR PUBLICATION DE BROCHURES,
RUE SAINT-GUILLAUME, N° 15;

ET CHEZ G.-A. DENTU, IMPRIMEUR-LIBRAIRE,
Palais-Royal, galerie d'Orléans, N° 13.

10 JUIN 1831.

LE CONGRÈS DE VIENNE

ET

LE CABINET DU PALAIS-ROYAL.

(Suite. *Voyez* les neuvième et dixième publications
de la Société.)

En voyant la politique du gouvernement français, j'écrivais,
le 28 janvier dernier (1) : « Je ne sais pas si je me trompe ; mais il
» me semble que le cabinet du Palais-Royal se met en contradic-
» tion avec les principes qui ont présidé à son origine, et se place
» vis-à-vis de l'Europe dans une fausse position, en protestant
» de son respect pour les traités de 1814 et 1815. Comment
» peut-on vouloir respecter un droit public qui a cessé d'exister
» pour la France? car enfin la révolution de juillet a été faite
» directement contre le protocole du congrès de Vienne, et
» l'existence du gouvernement du roi-citoyen est une protesta-
» tion permanente contre les actes de cette assemblée. Or, est-il
» rien de plus absurde que de s'engager à observer des traités

(1) *Voyez* la neuvième publication de la Société, page 2.

(2)

» qu'on a violés dans leurs principales dispositions? ou plutôt
» n'est-ce pas une dérision qu'un gouvernement déclare recon-
» naître des traités qui sont incompatibles avec son existence,
» des traités qui le condamnent formellement, et qui le mettent
» au ban de l'Europe? »

Je disais encore (1) : « Comment donc le gouvernement du roi-
» citoyen a-t-il pu reconnaître des traités qui le tuent ; des traités
» qui, à chaque page, parlent du droit, et proscrivent le *sys-*
» *tème révolutionnaire ?* Si vous admettez le congrès de Vienne,
» il ne vous reste plus qu'à remettre l'autorité royale à celui qui
» y a droit, et à vous retirer silencieusement. Votre adhésion à
» l'ordre de choses résultant des actes de ce congrès est une
» protestation contre vous-même, contre votre propre existence ;
» et l'on n'a pas encore rencontré, dans l'histoire, de pouvoir
» politique protestant contre lui-même. La révolution de juillet
» a été opérée non contre quelques ordonnances, mais contre
» l'ordre politique de l'Europe tout entier. En détrônant en
» France trois rois à la fois, on a entendu détrôner tous les rois
» de l'Europe actuellement régnans ; en refaisant la Charte de
» Louis XVIII, on a entendu refaire les constitutions des autres
» peuples. »

La position du cabinet du Palais-Royal, qui, au mois de janvier, était encore quelque peu embarrassée, est aujourd'hui net-
tement dessinée. Louis-Philippe s'est fait l'homme de la sainte-
alliance, et le parti de la révolution qui lui a mis la couronne
sur la tête se retrouve, comme sous Charles X, en opposition et
en état permanent d'hostilités contre le pouvoir.

M. le duc d'Orléans, en acceptant la couronne le 7 août,
avait deux partis à suivre, ou celui d'être roi révolutionnaire
comme c'était dans l'essence de son mandat, ou celui de se rat-
tacher aux traités qui, depuis 1815, ont fait le droit public
de l'Europe.

<hr>

(1) *Voyez* la neuvième publication de la Société, page 9.

M. le duc d'Orléans jugea convenable de suivre ce dernier parti. Je suis loin de blâmer cette décision, ne connaissant pas les motifs qui ont pu porter ce prince à la prendre. Ceux qui me trouveront trop logique voudront bien ne pas oublier que j'examine seulement ici les résultats de la conduite du pouvoir. La meilleure manière de raisonner, selon moi, c'est de parler d'après les faits. Je n'entre pas dans le secret de la pensée du chef de l'état, pensée qui d'ailleurs doit rester en dehors de la discussion. La politique du cabinet français est un fait : ce sont les conséquences de ce fait que j'ai voulu poser clairement, afin qu'on ne m'accusât point de choses que je n'aurais ni pensées ni publiées.

Les pouvoirs, quels qu'ils soient, ne peuvent se soutenir qu'en vertu du droit qui les a créés. Ainsi Louis XVI ne régnait qu'en vertu de l'ancienne constitution du royaume qui l'avait fait roi de France. La couronne fut brisée sur la tête de ce prince du moment où cette constitution fut détruite par l'assemblée nationale. Napoléon ne régnait qu'en vertu de la force qui lui avait mis le pouvoir en main : la force, c'était son droit. Quand cette force lui manqua, il lui fallut tomber ; et, en 1815, la liberté ne put le soutenir.

Louis-Philippe ne règne qu'en vertu de la révolution de juillet, c'est là son droit. *Le Courrier français* l'entend ainsi, puisqu'il a dit dans son numéro du 7 juin : « . . . . . . Du jour où le duc de Bordeaux mourrait, le duc d'Orléans, roi par la grâce de Dieu et par le droit hiérarchique de la naissance, redeviendrait agréable et pur aux yeux des légitimistes. Mais la nation, que dirait-elle ? Ne voudrait-elle pas renfermer le pouvoir royal par précaution dans des bornes plus étroites ? Si donc quelqu'un après nous doit désirer que le duc de Bordeaux vive, c'est Louis-Philippe ; *car sa couronne n'a de force et d'éclat que par l'usurpation.* . . . . . . »

Le Courrier français a parfaitement raison. Le droit de M. le duc d'Orléans est tout entier dans la révolution de juillet : c'est un fait, supprimez-le, et le prince ne pourra plus dire pourquoi il s'appelle roi des Français.

En Angleterre, la révolution de 1688 est inséparable des Stuarts. Quand on prononce le nom de Guillaume, Jacques II se présente aussitôt ; car ces deux noms ne vont pas l'un sans l'autre. Il en est de même, en France, de la révolution de juillet : on ne peut la séparer des Bourbons : ce sont, dans l'histoire, choses inséparables. J'irai même plus loin, je dirai que l'intérêt du gouvernement établi, la gloire de la révolution de juillet est dans la légitimité des princes déchus ; c'est leur droit qui fait la force de Louis-Philippe, puisqu'il a été pris contre ce droit même. On ne peut prononcer les mots *révolution de juillet* sans établir en même temps les droits de trois rois : si ces trois rois n'en avaient pas eu, où serait la gloire de cette révolution ? où seraient ses lauriers ? Charles X était roi en vertu de son droit, il abdique ; Louis XIX le devient par cette abdication, il abdique à son tour ; un enfant devient héritier de ce droit, l'histoire l'enregistre sous le nom d'Henri V..... Seulement Henri V n'a pas abdiqué ; mais le pouvoir actuel, à cause de son origine, ne doit pas en avoir souci. Se montrer jaloux des droits du duc de Bordeaux quand on a été mis sur le trône malgré ces mêmes droits, c'est suivre une politique mesquine, c'est méconnaître sa force et son titre. C'est néanmoins ce que n'a cessé de faire le *juste milieu*, avec ses protestations de respect pour le congrès de Vienne et sa quasi-légitimité ; fautes énormes en bonne politique et dont les conséquences doivent être funestes à la nouvelle dynastie.

Les doctrinaires ont voulu doter la France d'un Guillaume et d'une révolution à la 1688 : ils se sont tout-à-fait trompés, et ni les choses ni les personnages ne se ressemblent.

La constitution anglaise étant fondée sur l'exclusion absolue du catholicisme et des catholiques, c'était indirectement l'attaquer et préparer sa chute à l'avenir que de favoriser le catholi-

cisme et de lui rouvrir les portes de l'Angleterre. Voilà comme
quoi Jacques II fut accusé de violer les libertés anglaises. Guillaume, qui était censé représenter le protestantisme, arriva avec
une armée montrant aux Anglais sa haine pour Louis XIV et les
guerres qu'il lui avait suscitées : on lui battit des mains. La re-
traite de Jacques II fut regardée par le parlement comme une abdication, et Marie, sa fille, fut appelée au trône avec Guillaume.
L'aristocratie s'empara de la révolution et la fit à son profit ; jamais
elle ne prétendit n'avoir pas fait de révolution : elle savait au con-
traire que c'était une révolution complète, une violation absolue
du droit de succession ; mais elle plaçait la constitution au-dessus
de tout, et pour la sauver, peu importait les droits de la couronne. Le pouvoir politique passa donc dans le parlement, et par
conséquent dans l'aristocratie.

En France, la démocratie existait en fait ; elle fut théorique-
ment et légalement organisée par la branche aînée des Bourbons
qu'elle chassa. Il n'était pas dans son intérêt de la chasser, à
moins que ce ne fût pour opérer une révolution sociale complète.
En Angleterre, en chassant Jacques II, l'aristocratie avait soin
de confisquer à son profit l'autorité royale; car toutes les affaires
humaines se réduisent à l'intérêt particulier, soit des individus,
soit des corps politiques. Or, en n'opérant pas de révolution sociale, la démocratie, en France, perdait plus qu'elle ne gagnait
à l'expulsion de trois rois.

La révolution de juillet est-elle un accident? Alors on devait
prendre le duc de Bordeaux sous le nom de Henri V. Est-elle
une révolution? Alors le gouvernement a manqué à sa mission
depuis neuf mois, et tôt ou tard il en portera la peine.

Si c'était un accident, Louis-Philippe n'avait aucun droit à la
couronne ; si c'est une révolution, il a compromis son inviola-
bilité : et il ne faut pas oublier comment on traite les rois invio-
lables dans les révolutions.

Guillaume, appelé pour maintenir la constitution anglaise, l'a
maintenue. Le duc d'Orléans, appelé par les ennemis des Bour-

bons pour tout changer, n'a rien changé : car on ne saurait appeler changement cette espèce de révision des articles de la Charte faite à la demande de M. Bérard.

Guillaume remplit à la lettre les conditions de son mandat : on ne peut pas en dire autant de M. le duc d'Orléans. Ses partisans, qui ont constamment combattu le gouvernement de la branche aînée des Bourbons, se sont placés dans un état de mensonge permanent depuis le mois de juillet : car si la restauration n'a point donné de droits à la nation, si elle l'a humiliée et avilie à l'intérieur et à l'extérieur, comme on le prétend, pourquoi donc le pouvoir actuel a-t-il suivi les mêmes erremens, commis les mêmes fautes, adopté enfin la même politique? Ou ces assertions sont des calomnies contre la restauration, et alors l'opposition a menti à la France pendant quinze ans; ou ces assertions sont des vérités incontestables, et alors le pouvoir actuel reconnaît qu'il humilie et avilit la France à l'intérieur et à l'extérieur. En effet, qu'y a-t-il de changé? Rien, sinon que les courtisans et les intrigans, au lieu d'aller aux Tuileries, vont au Palais-Royal; sinon que les procureurs du Roi, leurs substituts et presque tous les juges-de-paix ont été remplacés.

En Angleterre, Guillaume était en quelque sorte la constitution incarnée; il avait une entière communauté d'intérêts avec le pays. Je ne vois pas trop quel intérêt représentait M. le duc d'Orléans, si ce n'est celui des hommes qui voulaient arriver aux places : alors c'est une coterie, et la révolution de juillet devient une intrigue.

M. Dupin allant modestement à pied à Neuilly prendre le prince par la main; en lui disant : « Je viens chercher votre Altesse Royale pour lui donner la couronne; c'est une affaire de quelques heures seulement, » ne sera que ridicule dans l'histoire.

On n'alla point chercher Guillaume mystérieusement; il arriva avec une armée. Il se fit l'homme du parlement, quoiqu'il ne l'aimât point et que le parlement le lui rendît bien; et il laissa ce trône glorieux et puissant que la maison de Brunswick occupe aujourd'hui.

La première affaire de M. le duc d'Orléans, devenu roi des Français, fut de se tourner vers les puissances étrangères et de protester de son respect pour les traités de 1815, comme en fait foi la lettre adressée à l'empereur de Russie publiée par les journaux allemands. Aux protestations ont succédé des actes multipliés d'une telle gravité, que l'Europe étonnée a dû admettre le roi des Français au nombre des signataires du congrès de Vienne. Il est permis de mettre en doute la bonne volonté quand il n'y a que des protestations ; mais quand il y a des actes, le doute disparaît.

Le cabinet français a refusé la Belgique pour ne point déroger au congrès de Vienne ; il a adhéré aux protocoles de Londres, c'est-à-dire qu'il a consenti à fournir des troupes pour soumettre les Belges si cela devenait nécessaire ; il a laissé la Pologne à elle-même ; il a placé sous la surveillance de la police les patriotes espagnols, et il a fermé les yeux sur la révolution d'Italie.

Voilà les actes d'après lesquels il n'était plus possible à l'Europe de ne pas admettre Louis-Philippe comme signataire primitif des traités de 1815. Ce n'est pas une des choses les moins extraordinaires de notre époque que de voir un roi qui devait être révolutionnaire parapher des traités qui ont eu pour but de *comprimer le système révolutionnaire pour mettre l'Europe à l'abri des bouleversemens dont elle serait menacée.*

Louis-Philippe devait être roi révolutionnaire, ou avoir pour ennemis ceux qui l'ont fait, ceux qui ont risqué leur tête pour le mettre à la place du duc de Bordeaux. Or c'est ce qui est arrivé. J'approuve les traités de 1815, a dit le pouvoir actuel, et je les maintiendrai autant qu'il sera en moi. L'Europe ne demandait ni plus ni moins ; elle a pris au mot Louis-Philippe, et lui a dit : « Vous êtes mon homme. » Mais cette déclaration ne saurait constituer le droit de Louis-Philippe ; ce n'est pas la sainte-alliance qui le fera régner; elle peut le soutenir, prendre fait et cause pour lui; car elle s'y est engagée en l'acceptant comme membre de la sainte-alliance, c'est-à-dire que par les traités de 1815 elle est obligée à défendre Louis-Philippe contre les *principes révolutionnaires qui pourraient déchirer la France, et menacer ainsi le repos des autres états* (traité de 1815); mais enfin le congrès de Vienne ne peut donner à ce prince le droit de régner sur la France, pas plus qu'il ne l'a donné à Louis XVIII et à Charles X. Ces princes ont régné en vertu du droit héréditaire qu'ils possédaient, comme Louis-Philippe a régné depuis le 7 août 1830 en vertu de la force que lui avait donnée la révolution de juillet. Or, ce prince peut-il être l'homme de la sainte-alliance et conserver en même temps la force de juillet? non. Un roi du congrès de Vienne et un roi révolutionnaire sont choses incompatibles.

Louis-Philippe, roi révolutionnaire, devenait le représentant des ennemis du congrès de Vienne; par l'acceptation de la couronne, il déclarait regarder comme sienne la haine de la révolution de juillet contre les rois de l'Europe, et il se chargeait de la venger.

En se faisant l'homme de la sainte-alliance, Louis-Philippe a abandonné la révolution, il a renoncé au droit en vertu duquel il possède la couronne de France. Tout est rompu entre lui et ceux qui l'ont *choisi*. La révolution ne trouve plus en lui l'homme qu'elle avait revêtu de sa force, l'homme qui devait faire la guerre à tous les signataires du congrès de Vienne, en un mot le roi révolutionnaire; mais elle trouve un membre de la sainte-alliance qui, n'ayant pu signer les protocoles de 1815, y adhère complétement et absolument en 1831; elle trouve un ennemi qu'il est nécessaire d'attaquer avant de s'en prendre aux autres rois. Car il ne faut pas voir dans la révolution de juillet quelques ouvriers mécontens ou payés, quelques jeunes gens exaltés : ce serait une illusion dangereuse; mais il faut voir une guerre de principes, la recontinuation de la révolution française, un nouvel ordre de choses qui combat l'ancien, et qui, pour l'emporter, s'en prend à la tête des rois.

La révolution de juillet voulait donner au monde le spectacle d'un roi attaquant et chassant devant lui tous les autres rois, en vertu des principes de la convention; elle a échoué. Le pouvoir dans lequel elle s'était plu à se personnifier lui a manqué de parole.

Ainsi Louis-Philippe, roi révolutionnaire, se trouve vis-à-vis du parti de la révolution dans la même position que Louis XVIII et Charles X, rois légitimes.

On remarquera que je ne fais qu'exposer avec la plus simple logique les résultats de la conduite politique du cabinet du Palais-Royal.

L'autorité de Louis XVI, après les innovations de l'Assemblée nationale, ne reposait plus sur rien. En détruisant la constitution du royaume, on avait détruit son droit. Cependant il faut à un prince, ou le droit, ou la force matérielle. L'un et l'autre manquaient à Louis XVI; il n'était plus qu'un embarras pour l'Assemblée législative, elle l'emprisonna : un embarras pour la Convention, elle le tua.

Louis-Philippe a mis contre lui le droit en vertu duquel il est roi des Français, et la force matérielle lui échappera tout-à-fait le jour où la Chambre s'adressera aux sympathies du dehors. Elle le mettra en face du droit qui le faisait régner, elle lui en demandera compte, elle lui reprochera de l'avoir livré aux rois de l'Europe. Et remarquons que cette Chambre ne pourra pas faire autrement, elle sera amenée à ce résultat par la force des choses. Son pouvoir ne reposant que sur les sympathies du dehors, si elle n'y répondait pas, elle se verrait elle-même attaquée.

On me dira sans doute que Louis-Philippe se serait trouvé dans une position peut-être encore plus difficile, s'il s'était fait roi révolutionnaire, et s'il avait conduit la révolution de juillet à l'attaque de tous les trônes de l'Europe. Je répondrai à cette objection que je n'ai point voulu blâmer le parti que ce prince a pris, ni examiner s'il n'avait point dû se faire l'homme de la révolution plutôt que celui de l'étranger ; j'ai seulement voulu constater un fait et en tirer les conséquences ; j'ai voulu établir que M. le duc d'Orléans avait, le 8 août, à choisir entre deux partis : l'Europe et la révolution de juillet. En acceptant le titre de roi révolutionnaire, M. le duc d'Orléans déclarait la guerre à tous les rois ; les cabinets européens et les hommes de juillet l'ont toujours compris de la sorte, et à parler logiquement, il n'y a pas d'autre manière d'entendre la révolution. Dans la séance du 15 janvier, MM. Mauguin et Lamarque ont dit qu'*elle avait été faite contre les traités de* 1814 *et de* 1815. C'est sous ce rapport que la Belgique et la Pologne l'ont considérée. Ces deux nations, victimes des événemens de 1814, ont cru pouvoir se soulever contre le congrès de Vienne, parce qu'elles comptaient sur la protection de la France. Mais la décision de M. le duc d'Orléans la leur fit refuser, et rendit leurs efforts presque inutiles.

La révolution de juillet a donc manqué son but, puisque les traités de 1814 et de 1815, contre lesquels elle a été faite, subsistent plus fort que jamais. Le pouvoir qu'elle a établi s'est séparé d'elle ; et, mémorable exemple de la fragilité des choses humaines, après avoir chassé de France toute une famille de rois, après avoir engagé les autres peuples à se révolutionner, après leur avoir promis sa protection et sa force, la révolution de juillet en est réduite, comme l'opposition sous Charles X, à faire de la polémique dans les journaux et à se défendre devant les cours d'assises.

Le pouvoir ne peut que continuer à marcher dans la voie dans laquelle il est entré ; la révolution ne doit et ne peut que vouloir reprendre la position qu'elle occupait au mois d'août ; de là une guerre déclarée.

Charles X ne tenait rien de l'opposition : son droit à la couronne lui venait de sa naissance, et cependant il a été renversé.

Louis-Philippe tient tout de l'opposition, qui l'a choisi au mépris des droits du duc de Bordeaux. Ce sont les barricades qui lui ont fait son trône, et sa couronne est teinte du sang des hommes du peuple et de la garde royale. Eh bien! c'est ce sang qui fait sa force et son titre; effacez-le, le roi des Français redevient le duc d'Orléans, et je ne crois pas la sainte-alliance assez puissante pour le faire régner en France contre son titre même.

BENOIST.

Paris, le 10 juin 1831.

EVERAT, Imprimeur, rue du Cadran, n° 16.

Publications de la Société.

Conditions de la Souscription.

————✦————

Le prix de la souscription aux publications de la Société est fixé à 16 fr. pour vingt-cinq brochures, et à 30 fr. pour cinquante, pour Paris et les départemens.

On souscrit à Paris, à la Direction, rue Saint-Guillaume, n° 15; chez A.-G. DENTU, imprimeur-libraire, Palais-Royal, galerie d'Orléans, n° 13; et chez tous les libraires des départemens et de l'Étranger.

Les lettres, demandes et réclamations, ainsi que les envois d'argent, doivent être adressés, *franc de port*, à la Direction de la *Société pour publication de brochures*, rue Saint-Guillaume, n° 15.